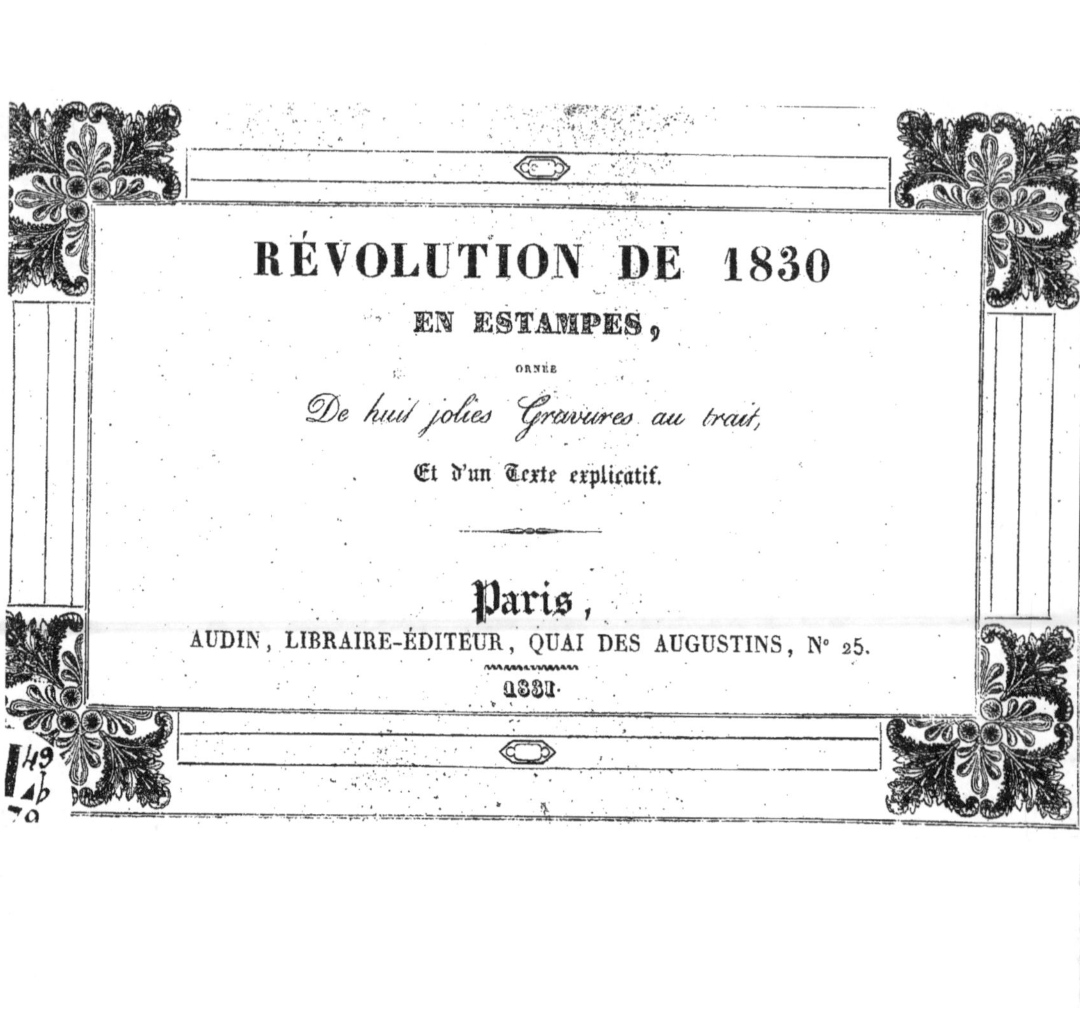

RÉVOLUTION DE 1830

EN ESTAMPES,

ORNÉE

De huit jolies Gravures au trait,

Et d'un Texte explicatif.

Paris,

AUDIN, LIBRAIRE-ÉDITEUR, QUAI DES AUGUSTINS, N° 25.

1831.

RÉVOLUTION DE 1830

EN ESTAMPES.

IMPRIMERIE DE POUSSIN, RUE DE LA TABLETTERIE.

RÉVOLUTION DE 1830

EN ESTAMPES,

ORNÉE

De huit jolies Gravures au trait,

Et d'un Texte explicatif.

Paris,

AUDIN, LIBRAIRE-ÉDITEUR, QUAI DES AUGUSTINS, N° 25.

1831.

Révolution de 1830 en Estampes.

Les Ordonnances furent publiées le lundi 26 juillet, mais elles ne furent bien connues que le lendemain 27 ; ce fut alors qu'une extrême agitation parmi tous les étudians et les ouvriers, et des murmures sourds annoncèrent l'orage qui ne tarda pas à éclater.

L'étonnement de la population parisienne fut extrême, quand elle apprit qu'une ordonnance de police, signée Mangin, et affichée partout, défendait à tous les établissemens publics de recevoir les journaux et de les donner à lire.

Le spectacle de la gendarmerie, assiégeant les bureaux des feuilles libérales, barrant les rues pour saisir le presses, violer des dépôts que la loi avait déclarés sacrés, et maltraiter de paisibles citoyens, augmenta encore l'indignation générale.

La protestation de tous les journaux patriotes, lue sur tous les points de la capitale, acheva d'imprimer une direction à l'opinion, et dès lors le parti fut pris.

Le Palais-Royal fut le rendez-vous des premiers groupes qui furent dispersés par la force armée; les portes furent fermées; mais la foule, sans se séparer, se retrancha dans les rues circonvoisines. On entendit, seulement alors, quelques coups de feu.

A trois heures, les rues Saint-Honoré, de Richelieu, de Valois, Fromenteau, de Chartres, Saint-Thomas-du-Louvre étaient encombrées : on y voyait des hommes de toutes les classes; des détachemens de gendarmerie à pied, à cheval, repoussaient violemment les citoyens, qui se munirent alors de bâtons et de pierres : bientôt l'affluence augmenta, et s'étendit jusqu'aux boulevarts. Les charges étant devenues plus fréquentes et plus vives, la résistance dût s'accroître, et bientôt une première fusillade s'entendit dans la rue Saint-Honoré, et fit de nombreuses victimes parmi les jeunes gens des écoles et de toutes les classes qui, sans être intimidés, se rallièrent sous le feu ennemi, et conservèrent leur position.

Lecture de la protestation des Journalistes.

On détruit les Insignes de la Royauté.

La soirée du 27 fut décisive, car alors commença cet admirable accord de mesures défensives, exécutées comme par enchantement; en un clin d'œil, les rues Saint-Honoré, de la Monnaie et Montmartre, furent sans réverbères; d'énormes poutres furent placées au travers des ruisseaux pour empêcher la cavalerie d'avancer. Des citoyens se rendirent chez des armuriers qui délivrèrent des armes. On distribua de la poudre et des cartouches; des rassemblemens s'armèrent sur la place de la Bourse et sur les boulevarts.

Tout était préparé le 28 au matin; tandis que l'autorité répand une ordonnance qui met Paris en état de siége, et investit Raguse du commandement de la force armée, un corps de peuple s'empare de l'hôtel-de-ville et s'y cantonne; des rassemblemens immenses encombrent les rues voisines du Palais-Royal, des boulevarts et des quais. On distribue des armes aux Ecoles de Droit et de Médecine; les signes du gouvernement royal disparaissent, comme par enchantement, de tous les monumens publics et des maisons particulières.

On voyait des écussons magnifiques, aux armes de France, détachés du haut des magasins particuliers, tomber avec fracas au milieu du peuple qui les recevait avec des cris et des battemens de mains.

Ces écussons étaient aussitôt brisés en mille pièces; chacun voulait en enlever un éclat. Quelques individus agitaient en l'air des fragmens de fleurs de lys, en s'écriant : Voilà un membre de la famille, d'autres en suspendaient aux cordes des reverbères.

Cependant l'autorité avait déployé la force armée la plus formidable ; des régimens nouveaux avaient été introduits pendant la nuit. On mit à la fois en mouvement la gendarmerie, la garde royale, les troupes de ligne et les régimens Suisses.

Le Palais de Justice

Prise de l'Hôtel-de-Ville, le 28.

LE combat s'engagea vers neuf heures : il fut général ; mais le point principal fut l'hôtel-de-ville : c'est là que les Suisses de la Garde firent ces premières décharges qui retentirent dans tous les quartiers de Paris. Une épouvantable fusillade et des décharges d'artillerie durèrent douze heures sans interruption, pendant lesquelles l'Hôtel-de-Ville fut pris et repris. La perte fut considérable pour les troupes, elle fut nombreuse dans le peuple : on transportait les blessés et les morts par charretées.... Rien ne peut donner l'idée d'un si affreux spectacle.

Le combat venait de commencer, et déjà des citoyens avaient arboré le drapeau tricolore sur les tours de Notre-Dame. Le tocsin sonnait dans toutes les paroisses. En tête des combattans on voyait l'Ecole Polytechnique ; on voyait aussi de premiers détachemens de la garde nationale stationnant sur les quais des Augustins, Malaquais et Voltaire : ils soutenaient des rassemblemens établis sur ces points, et qui échangeaient des coups de fusils avec les Suisses du Louvre et des Tuileries.

Sur les boulevarts, le combat était aussi acharné : du haut de la Porte-Saint-Martin, on faisait pleuvoir sur la troupe des pavés et des tuiles. Dans la rue Saint-Antoine, on découvrait les maisons, et les tuiles étaient lancées sur les gendarmes.

Ce jour vit aussi la dévastation complète du palais de l'archevêché : l'argenterie, la croix, les vases sacrés, furent remis à l'Hôtel-Dieu, avec une grande partie du linge ; tous les meubles et objets de luxe furent impitoyablement jetés dans la Seine, ou brûlés dans la cour même du Palais.

L'Hôtel de Ville

Le Pont d'Arcole.

Ce pont suspendu, aboutissant précisément au milieu de la place de l'Hôtel-de-Ville, fut aussi le théâtre d'un combat sanglant.

Le mercredi 28, tandis que le canon grondait devant l'Hôtel-de-Ville, un peloton de Suisses, placé sur ce pont du côté de la place, en barrait le passage.

Quelques jeunes citoyens veulent passer : ils essuient le feu roulant de la Garde suisse. Un jeune homme s'avance, et va planter un drapeau tricolore à deux pas de la garde : il tombe percé de mille balles. Enfin, un autre, le jeune d'Arcole, s'élance pour relever le drapeau qui vient de tomber : vingt balles l'atteignent aussitôt :

« Mes amis, s'écrie-t-il, je m'appelle d'Arcole !.... » Le pont a conservé son nom.

Le Pont d'Arcole

Barricades.

Ce fut dans la nuit du 28 au 29 que s'élevèrent les premières barricades.

On dépava les rues : des charrettes, des fiacres, des Omnibus, et jusqu'à des diligences, furent renversées à côté de tonneaux remplis de pierres.

Paris, en quelques heures, privé de tous ses réverbères, et complètement barricadé, était devenu imprenable.

Les troupes royales, après en avoir acquis la conviction, évacuèrent les points qu'elles occupaient, ne gardant que le Louvre, les Tuileries et leurs environs : les Suisses se placèrent aux étages supérieurs, pour tenter de là un dernier effort; mais tout était désormais inutile.

Spontanément, et sans ordres supérieurs, les arbres des boulevarts tombèrent sous la hache, furent placés en travers, et formèrent des barricades impossibles à escalader.

Partout où paraissaient les soldats armés, s'élevaient des barrières insurmontables, derrière lesquelles le peuple, en embuscade, épiait les assaillans, et les atteignait d'un plomb meurtrier.

Le soldat était obligé de fuir ou de mourir sans pouvoir se venger.

Une Barricade.

Attaque de la Caserne Babylone.

Le jeudi 29, le peuple se porta du côté de la caserne Babylone, qui était occupée par les Suisses.

On fit feu pendant une demi-heure.

Les munitions commençaient à s'épuiser, lorsque M. Joffrès, avocat, qui s'était déjà distingué dans plusieurs affaires, ordonna d'aviser au moyen de mettre le feu à la caserne. On avait déjà brûlé des paillasses que des femmes avaient apportées, lorsqu'on pensa au moyen plus prompt de jeter de l'essence sur les portes, et d'y mettre le feu.

Les Suisses, effrayés par l'incendie et la détonnation d'une pièce d'artillerie, qui n'avait de munitions que pour un seul coup, se sauvèrent en escaladant les murs des jardins voisins, et se dirigeant du côté des boulevarts : quelques-uns se cachèrent dans leurs paillasses et dans les caves.

La défense fut terrible et opiniâtre : un grand nombre de citoyens y furent blessés, et beaucoup restèrent sur la place.

Quelques officiers Suisses y trouvèrent la mort. Tout, Français, étrangers, se battaient avec vaillance, et mouraient avec courage.

Des enfans portaient le mousquet et tiraient sur les Suisses : quelques-uns furent atteints et moururent sans pousser une plainte.

La Caserne de Babylone

Prise du Louvre.

LE 29 au matin, des Gardes nationaux occupaient l'Hôtel-de-Ville; le drapeau tricolore flottait sur tous les monumens : les citoyens, restés maîtres des trois quarts de la ville, n'avaient plus que peu de combats à livrer pour la posséder tout entière. La Garde royale, retirée sur la place Louis XV, refusait de poursuivre : « Qu'on « nous tue! disaient-ils; mais nous ne bougerons pas. » La ligne s'était retirée ou rendue : elle fraternisait avec le peuple.

Le Louvre fut emporté à une heure ; la place de la Colonnade fut le théâtre d'un combat très-vif : tous les points d'attaque eurent successivement le même sort. Un combat violent s'engagea vis-à-vis des Tuileries et sur le pont Royal : le château fut forcé vers quatre heures. Le peuple brisa quelques meubles, but quelques bouteilles de vin, mais porta, soit à l'Hôtel-de-Ville, soit dans d'autres dépôts, tout ce qui avait quelque prix.

Dans la salle dite des Maréchaux, le portrait du maréchal Marmont fut mis en pièces par le peuple : le buste de Charles X fut jeté par les fenêtres, et vint se briser sur le pavé ; quant à celui de Louis XVIII, à l'instant où une main sacrilége allait le précipiter du piédestal, mille voix s'élevèrent à la fois : « Respect à l'immortel auteur « de la Charte ! » et tous de répéter : Respect à l'auteur de la Charte. Avant de quitter la salle, on eouvrit le buste d'un voile noir.

Prise du Louvre.

Le Bateau des Morts.

C'ETAIT un douloureux spectacle, de voir, au bas de la Morgue, un grand bateau sur lequel flottait un pavillon noir, et où l'on descendait, sur des civières, les morts qui encombraient les salles de ce triste édifice.

Les uns étaient dans des bierres mal jointes, que le moindre choc faisait entrouvrir, les autres étaient tout nus; on les rangeait par piles en les couvrant de paille, et l'on semait le bateau de chaux vive pour ralentir les effets de la putréfaction.

Il y avait des enfans de 10 à 12 ans, des femmes, des vieillards : la foule qui bordait les parapets de la Seine, contemplant cette funèbre embarcation, paraissait glacée d'horreur.

Les gémissemens du peuple interrompaient parfois ce sombre silence.

On voyait de pauvres mères pleurer, d'autres embrasser avec passion leurs enfans, heureuses de voir qu'ils avaient été trop jeunes pour prendre part à ces sanglantes querelles.

Tous ces morts furent transportés hors de Paris.

FIN.

Transport des morts hors de Paris.